IN UNITATE FIDEI

Leo P.P. XIV

IN UNITATE FIDEI

En la unidad de la fe

En el 1700 aniversario
del Concilio de Nicea

SAN PABLO

© SAN PABLO 2025
   Protasio Gómez, 11-15. 28027 Madrid
   Tel. 917 425 113
   secretaria.edit@sanpablo.es - www.sanpablo.es
© Dicasterio para la Comunicación - Libreria Editrice Vaticana, 2025

Distribución: SAN PABLO. División Comercial
Resina, 1. 28021 Madrid
Tel. 917 987 375
ventas@sanpablo.es
ISBN: 978-84-285-7493-8
Depósito legal: M. 26.422-2025
Impreso en Artes Gráficas Gar.Vi. 28970 Humanes (Madrid)
Printed in Spain. Impreso en España

CARTA APOSTÓLICA

IN UNITATE FIDEI

DEL SANTO PADRE

LEÓN XIV

EN EL 1700 ANIVERSARIO
DEL CONCILIO DE NICEA

1. En la unidad de la fe, proclamada desde los orígenes de la Iglesia, los cristianos están llamados a caminar concordes, custodiando y transmitiendo con amor y con alegría el don recibido. Esto se expresa en las palabras del Credo: «Creemos en Jesucristo, Hijo único de Dios, que por nuestra salvación bajó del cielo», formuladas por el Concilio de Nicea, el primer acontecimiento ecuménico de la historia del cristianismo, hace 1700 años.

Mientras me dispongo a realizar el Viaje Apostólico a Turquía, con esta Carta deseo alentar en toda la Iglesia un renovado impulso en la profesión de la fe, cuya verdad, que desde hace siglos constituye el patrimonio compartido entre los cristianos, merece ser confesada y profundizada de manera siempre nueva y actual. Al respecto, ha sido aprobado un rico documento de la Comisión Teológica

Internacional: *Jesucristo, Hijo de Dios, Salvador. El 1700 aniversario del Concilio Ecuménico de Nicea*. A él remito, porque ofrece útiles perspectivas para profundizar en la importancia y actualidad no solo teológica y eclesial, sino también cultural y social del Concilio de Nicea.

2. «Comienzo del Evangelio de Jesucristo, Hijo de Dios»: así san Marcos titula su Evangelio, resumiendo todo su mensaje precisamente en el signo de la filiación divina de Jesucristo. Del mismo modo, el apóstol Pablo sabe que está llamado a anunciar el Evangelio de Dios sobre su Hijo muerto y resucitado por nosotros (cf Rom 1,9), que es el «sí» definitivo de Dios a las promesas de los profetas (cf 2Cor 1,19-20). En Jesucristo, el Verbo que era Dios antes de los tiempos y por medio del cual todo fue hecho –recita el prólogo del Evangelio de san Juan–, «se hizo carne y habitó entre nosotros» (Jn 1,14). En Él, Dios se ha hecho nuestro prójimo, de modo que todo lo que hagamos a cada uno de nuestros hermanos, a Él se lo hacemos (cf Mt 25,40).

En este Año Santo dedicado a Cristo, quien es nuestra esperanza, es una coincidencia providencial que se celebre también el 1700 aniversario del primer Concilio Ecuménico de Nicea, que en el 325 proclamó la profesión de fe en Jesucristo, Hijo de Dios. Este es el corazón de la fe cristiana. Aún hoy, en la celebración eucarística dominical pronunciamos el Símbolo niceno-constantinopolitano, profesión de fe que une a todos los cristianos. Ella nos da esperanza en los tiempos difíciles que vivimos, en medio de muchas preocupaciones y temores, amenazas de guerra y violencia, desastres naturales, graves injusticias y desequilibrios, hambre y miseria sufrida por millones de hermanos y hermanas nuestros.

3. Los tiempos del Concilio de Nicea no eran menos turbulentos. Cuando comenzó, en el 325, aún estaban abiertas las heridas de las persecuciones contra los cristianos. El Edicto de tolerancia de Milán (313), promulgado por los emperadores Constantino y Licinio, parecía anunciar el amanecer de una nueva era de paz. Sin embargo, tras las amenazas externas, pronto surgieron disputas y conflictos en la Iglesia.

Arrio, un presbítero de Alejandría de Egipto, enseñaba que Jesús no es verdaderamente el Hijo de Dios; aunque tampoco una simple criatura, sería un ser intermedio entre el Dios inalcanzablemente lejano y nosotros. Además, habría habido un tiempo en el que el Hijo «no era». Esto concordaba con la mentalidad de la época y por ello resultaba plausible.

Pero Dios no abandona a su Iglesia, suscitando siempre hombres y mujeres valientes, testigos de la fe y pastores que guían a su pueblo e indican el camino del Evangelio. El obispo Alejandro de Alejandría se dio cuenta de que las enseñanzas de Arrio no eran coherentes con la Sagrada Escritura. Como Arrio no se mostraba conciliador, Alejandro convocó a los obispos de Egipto y Libia a un sínodo, que condenó la enseñanza de Arrio; luego envió una carta a los demás obispos de Oriente para informarlos detalladamente. En Occidente tomó medidas el obispo Osio de Córdoba, en España, ya probado como ferviente confesor de la fe durante la persecución bajo el emperador Maximiano y que gozaba de la confianza del obispo de Roma, el papa Silvestre.

También los seguidores de Arrio se unieron. Esto llevó a una de las mayores crisis en la historia de la Iglesia del primer milenio. El motivo de la disputa no era un detalle secundario. Se trataba del centro de la fe cristiana, es decir, de la respuesta a la pregunta decisiva que Jesús había planteado a los discípulos en Cesarea de Filipo: «Y vosotros, ¿quién decís que soy?» (cf Mt 16,15).

4. Mientras la controversia se intensificaba, el emperador Constantino se dio cuenta de que, junto con la unidad de la Iglesia, también estaba amenazada la unidad del Imperio. Convocó entonces a todos los obispos a un concilio ecuménico, es decir, universal, en Nicea, para restablecer la unidad. El sínodo, llamado de los «318 Padres», se desarrolló bajo la presidencia del emperador: el número de obispos reunidos era sin precedentes. Algunos de ellos llevaban aún las marcas de las torturas sufridas durante la persecución. La gran mayoría provenía de Oriente, mientras que, al parecer, solo cinco eran occidentales. El papa Silvestre se apoyó en la figura, teológicamente autorizada, del obispo Osio de Córdoba y envió a dos presbíteros romanos.

5. Los Padres del Concilio dieron testimonio de su fidelidad a la Sagrada Escritura y a la Tradición apostólica, tal como se profesaba durante el bautismo según el mandato de Jesús: «Id y haced que todos los pueblos sean mis discípulos, bautizándolos en el nombre del Padre y del Hijo y del Espíritu Santo» (Mt 28,19). En Occidente existían diversas fórmulas, entre ellas el llamado Credo de los Apóstoles[1]. También en Oriente existían muchas profesiones bautismales, semejantes entre sí en su estructura. No se trataba de un lenguaje erudito y complicado, sino más bien –como se dijo después– del lenguaje sencillo comprendido por los pescadores del mar de Galilea.

Sobre esta base, el Credo niceno comienza profesando: «Creemos en *un solo* Dios Padre Todopoderoso, creador de todas las cosas, de las visibles y de las invisibles»[2]. Con ello los Padres conciliares expresaron la fe en el Dios uno y único. En el Concilio no hubo controversia al respecto. Se debatió, en cambio, un segundo artículo, que utiliza también el lenguaje de la Biblia para profesar la fe en *«un solo* Señor Jesucristo Hijo de Dios»*. El debate se debía a la necesidad de responder a la cuestión planteada por Arrio acerca de cómo debía entenderse la

---

[1] L. H. WESTRA, *The Apostles' Creed. Origin, History and Some Early Commentaries*, Turnhout 2002 (= *Instrumenta patristica et mediaevalia*, 43).

[2] PRIMER CONCILIO DE NICEA, *Expositio fidei*: CC, COGD 1, Turnhout 2006, 19[6-8].

afirmación «Hijo de Dios» y cómo podía conciliarse con el monoteísmo bíblico. El Concilio estaba llamado, por tanto, a definir el significado correcto de la fe en Jesús como «el Hijo de Dios».

Los Padres confesaron que Jesús es el Hijo de Dios en cuanto es *de la misma sustancia (ousia) del Padre* [...], generado, no creado, de la misma sustancia *(homooúsios)* del Padre». Con esta definición se rechazaba radicalmente la tesis de Arrio[3]. Para expresar la verdad de la fe, el Concilio usó dos palabras, «sustancia» *(ousia)* y «de la misma sustancia» *(homooúsios),* que no se encuentran en la Escritura. Al hacerlo no quiso sustituir las afirmaciones bíblicas por la filosofía griega. Al contrario, el Concilio empleó estos términos para afirmar con claridad la fe bíblica, distinguiéndola del error helenizante de Arrio. La acusación de helenización no se aplica, pues, a los Padres de Nicea, sino a la falsa doctrina de Arrio y sus seguidores.

---

[3] Por las afirmaciones de san Atanasio en *Contra Arrianos*, I, 9, 2: Metzler (ed.), *Athanasius Werke*, I/1,2, Berlín-Nueva York 1998, 117-118, queda claro que *homooúsios* no significa «de igual sustancia», sino «de la misma sustancia» que el Padre; por tanto, no se trata de una igualdad de sustancia, sino de una identidad de sustancia entre el Padre y el Hijo. La traducción latina de *homooúsios* habla, con razón, de *unius substantiae cum Patre*.

En positivo, los Padres de Nicea quisieron permanecer firmemente fieles al monoteísmo bíblico y al realismo de la encarnación. Quisieron reafirmar que el único y verdadero Dios no es inalcanzablemente lejano a nosotros, sino que, por el contrario, se ha hecho cercano y ha salido a nuestro encuentro en Jesucristo.

6. Para expresar su mensaje en el lenguaje sencillo de la Biblia y de la liturgia familiar a todo el Pueblo de Dios, el Concilio retoma algunas formulaciones de la profesión bautismal: «Dios de Dios, luz de luz, Dios verdadero de Dios verdadero». El Concilio adopta luego la metáfora bíblica de la luz: «Dios es luz» (1Jn 1,5; cf Jn 1,4-5). Como la luz que irradia y se comunica a sí misma sin disminuir, así el Hijo es el reflejo (*apaugasma*) de la gloria de Dios y la imagen (*character*) de su ser (*hipóstasis*) (cf Heb 1,3; 2Cor 4,4). El Hijo encarnado, Jesús, es por ello la luz del mundo y de la vida (cf Jn 8,12). Por el bautismo, los ojos de nuestro corazón son iluminados (cf Ef 1,18), para que también nosotros podamos ser luz en el mundo (cf Mt 5,14).

Finalmente, el Credo afirma que el Hijo es «Dios verdadero de Dios verdadero». En muchos pasajes, la Biblia distingue a los ídolos muertos del Dios verdadero y viviente. El Dios verdadero es el Dios que habla y actúa en la historia de la salvación: el Dios de Abrahán, Isaac y Jacob, que se reveló a Moisés en la zarza ardiente (cf Éx 3,14), el Dios que ve la miseria del pueblo, escucha su clamor, lo guía y lo acompaña a través del desierto con la columna de fuego (cf Éx 13,21), le habla con voz de trueno (cf Dt 5,26) y tiene compasión de él (cf Os 11,8-9). El cristiano es llamado, por tanto, a convertirse de los ídolos muertos al Dios vivo y verdadero (cf He 12,25; 1Tes 1,9). En este sentido, Simón Pedro confiesa en Cesarea de Filipo: «Tú eres el Mesías, el Hijo de Dios vivo» (Mt 16,16).

7. El Credo de Nicea no formula una teoría filosófica. Profesa la fe en el Dios que nos ha redimido por medio de Jesucristo. Se trata del Dios viviente: Él quiere que tengamos vida y que la tengamos en abundancia (cf Jn 10,10). Por eso el Credo continúa con las palabras de la profesión bautismal: el Hijo de Dios «que por nosotros los hombres, y por nuestra salvación bajó del cielo, y se encarnó y se hizo hombre; murió y resucitó al tercer día, y subió al cielo, y vendrá para juzgar a vivos y muertos». Esto deja claro que las afirmaciones cristológicas de fe del Concilio están insertas en la historia de salvación entre Dios y sus criaturas.

San Atanasio, que había participado en el Concilio como diácono del obispo Alejandro y le sucedió en la sede de Alejandría de Egipto, subrayó repetidamente y con eficacia la dimensión soteriológica que el Credo niceno expresa. Escribe, en efecto, que el Hijo, que descendió del cielo, «nos hizo hijos para el Padre y, habiendo llegado Él mismo a ser hombre, divinizó a los hombres. No se trata de que siendo hombre posteriormente haya llegado a ser Dios, sino que siendo Dios se hizo hombre para divinizarnos a nosotros»[4]. Solo si el Hijo es verdaderamente Dios, esto es posible: ningún ser mortal, de hecho, puede vencer a la muerte y salvarnos; solo Dios puede hacerlo. Él nos ha liberado en su Hijo hecho hombre para que fuésemos libres (cf Gál 5,1).

Merece ser resaltado, en el Credo de Nicea, el verbo *descendit*, «descendió». San Pablo describe con expresiones fuertes este movimiento:

---

[4] S. ATANASIO, *Contra arrianos*, I, 38, 7-39, 1: METZLER (ed.), *Athanasius Werke*, I/1,2, 148-149.

«[Cristo] se anonadó a sí mismo, tomando la condición de servidor y haciéndose semejante a los hombres» (Flp 2,7), así como afirma el prólogo del Evangelio de san Juan: «Y la Palabra se hizo carne y habitó entre nosotros» (Jn 1,14). Por eso –enseña la Carta a los hebreos– «no tenemos un Sumo Sacerdote incapaz de compadecerse de nuestras debilidades; al contrario, él fue sometido a las mismas pruebas que nosotros, a excepción del pecado» (Heb 4,15). La tarde antes de su muerte se inclinó como un esclavo para lavar los pies a los discípulos (cf Jn 13,1-17). Y el apóstol Tomás, solo cuando pudo poner los dedos en la herida del costado del Señor resucitado, confesó: «¡Señor mío y Dios mío!» (Jn 20,28).

Es precisamente en virtud de su encarnación que encontramos al Señor en nuestros hermanos y hermanas necesitados: «Os aseguro que cada vez que lo hicisteis con el más pequeño de mis hermanos, lo hicisteis conmigo» (Mt 25,40). El Credo niceno no nos habla, por tanto, de un Dios lejano, inalcanzable, inmóvil, que descansa en sí mismo, sino de un Dios que está cerca de nosotros, que nos acompaña en nuestro camino por las sendas del mundo y en los lugares más oscuros de la tierra. Su inmensidad se manifiesta en el hecho de que se hace pequeño, se despoja de su infinita majestad haciéndose nuestro prójimo en los pequeños y en los pobres. Esto revoluciona las concepciones paganas y filosóficas de Dios.

Otra palabra del Credo niceno es para nosotros hoy particularmente reveladora. La afirmación bíblica «se hizo carne», precisada añadiendo la palabra «hombre» después de la palabra «encarnado». Nicea toma así distancia de la falsa doctrina según la cual el *Logos* habría asumido solo un cuerpo como revestimiento exterior, pero no el alma humana, dotada de entendimiento y libre albedrío. Al contrario, quiere afirmar lo que el Concilio de Calcedonia (451) declararía explícitamente: en Cristo, Dios ha asumido y redimido al ser humano entero, con cuerpo y alma. El Hijo de Dios se hizo hombre –explica san Atanasio– para que nosotros, los hombres, pudiéramos ser divinizados[5]. Esta luminosa comprensión de la Revelación divina había sido preparada por san Ireneo de Lyon y por Orígenes, y se desarrolló

---

[5] Cf ID, *De incarnatione Verbi*, 54, 3: SCh 199, París 2000, 458; *Contra arrianos*, I, 39; 42; 45; II, 59ss.: METZLER (ed.), *Athanasius Werke*, I/1,2, 149; 152, 154-155 y 235ss.

luego con gran riqueza en la espiritualidad oriental.

La divinización no tiene nada que ver con la auto-deificación del hombre. Por el contrario, la divinización nos protege de la tentación primordial de querer ser como Dios (cf Gén 3,5). Aquello que Cristo es por naturaleza, nosotros lo llegamos a ser por gracia. Por la obra de la redención, Dios no solo ha restaurado nuestra dignidad humana como imagen de Dios, sino que Aquel que nos creó de modo maravilloso nos ha hecho partícipes, de modo más admirable aún, de su naturaleza divina (cf 2Pe 1,4).

La divinización es, por tanto, la verdadera humanizatín. He aquí por qué la existencia del hombre apunta más allá de sí misma, busca más allá de sí misma, desea más allá de sí misma y está inquieta hasta que reposa en Dios[6]: *Deus enim solus satiat*, ¡Solo Dios satisface al hombre![7]. Solo Dios, en su infinitud, puede saciar el deseo infinito del corazón humano, y por eso el Hijo de Dios ha querido hacerse nuestro hermano y redentor.

---

[6] Cf S. Agustín, *Confesiones*, I, 1: CCSL 27, Turnhout 1981, 1.

[7] Sto. Tomás de Aquino, *In Symbolum Apostolorum,* art. 12: Spiazzi (ed.), *Thomae Aquinatis, Opuscula theologica*, II, Turín-Roma 1954, 217.

8. Hemos dicho que Nicea rechazó claramente las enseñanzas de Arrio. Pero Arrio y sus seguidores no se rindieron. El mismo emperador Constantino y sus sucesores se alinearon cada vez más con los arrianos. El término *homooúsios* se convirtió en la manzana de la discordia entre nicenos y anti-nicenos, desencadenando así otros graves conflictos. San Basilio de Cesarea describe la confusión que se produjo con imágenes elocuentes, comparándola con una batalla naval nocturna en medio de una violenta tempestad[8], mientras que san Hilario da testimonio de la ortodoxia de los laicos frente al arrianismo de muchos obispos, reconociendo que «los oídos del pueblo son más santos que los corazones de los sacerdotes»[9].

La roca del Credo niceno fue san Atanasio, irreductible y firme en la fe. Aunque fue depuesto y expulsado hasta cinco veces de la sede episcopal de Alejandría, cada vez regresó a ella como obispo. Incluso desde el exilio

---

[8] Cf S. BASILIO, *De Spiritu Sancto,* 30, 76: SCh 17bis, París 2002², 520-522.

[9] S. HILARIO, *Contra arrianos seu contra Auxentium,* 6: PL 10, 613. Recordando las voces de los Padres, el erudito teólogo –luego cardenal y hoy un santo doctor de la Iglesia– John Henry Newman (1801-1890) investigó sobre esta disputa y llegó a la conclusión de que el Credo de Nicea fue custodiado sobre todo por el *sensus fidei* del Pueblo de Dios. Cf *On Consulting the Faithful in Matters of Doctrine* (1859).

continuó guiando al Pueblo de Dios mediante sus escritos y sus cartas. Como Moisés, Atanasio no pudo entrar en la tierra prometida de la paz eclesial. Esta gracia estaba reservada a una nueva generación, conocida como los «jóvenes nicenos»: en Oriente, los tres Padres capadocios, san Basilio de Cesarea (ca. 330-379), a quien se dio el título de «el Grande», su hermano san Gregorio de Nisa (335-394) y el más grande amigo de Basilio, san Gregorio Nacianceno (329/30-390). En Occidente fueron importantes san Hilario de Poitiers (ca. 315-367) y su discípulo san Martín de Tours (ca. 316-397). Luego, sobre todo, san Ambrosio de Milán (333-397) y san Agustín de Hipona (354-430).

El mérito de los tres Capadocios, en particular, fue llevar a término la formulación del Credo niceno, mostrando que la Unidad y la Trinidad en Dios no están en absoluto en contradicción. En este contexto se formuló el artículo de fe sobre el Espíritu Santo en el primer Concilio de Constantinopla del año 381. Así, el Credo, que desde entonces se llamó niceno-constantinopolitano, dice: «Creemos en el Espíritu Santo, Señor y dador de vida, que procede del Padre. Con el Padre y el Hijo es adorado y glorificado, y ha hablado por medio de los profetas»[10].

Desde el Concilio de Calcedonia, en el 451, el Concilio de Constantinopla fue reconocido como ecuménico y el Credo niceno-constantinopolitano fue declarado universalmente vinculante[11]. De este modo, llegó a ser un vínculo de unidad entre Oriente y Occidente. En el siglo XVI lo mantuvieron también las Comunidades eclesiales nacidas de la Reforma. El Credo niceno-constantinopolitano resulta así la profesión común de todas las tradiciones cristianas.

9. Ha sido largo y lineal el camino que ha llevado desde la Sagrada Escritura a la profesión de fe de Nicea, después a su recepción por parte de Constantinopla y Calcedonia, y de nuevo hasta el siglo XVI y nuestro siglo XXI. Todos nosotros, como discípulos de Jesucristo, «en el nombre del Padre, y del Hijo, y del Espíritu Santo» somos bautizados, nos hacemos la señal

---

[10] PRIMER CONCILIO CONSTANTINOPOLITANO, *Expositio fidei*: CC, COGD 1, 57[20-24]. La afirmación «y procede del Padre y del Hijo *(Filioque)*» no se encuentra en el texto de Constantinopla; fue incorporada al Credo latino por el papa Benedicto VIII en 1014 y es objeto del diálogo ortodoxo-católico.
[11] CONCILIO DE CALCEDONIA, *Definitio fidei*: CC, COGD 1, 137[393]-138[411].

de la cruz y somos bendecidos. Concluimos la oración de los salmos en la Liturgia de las Horas con «Gloria al Padre, y al Hijo, y al Espíritu Santo». La liturgia y la vida cristiana están, por tanto, firmemente ancladas en el Credo de Nicea y Constantinopla: lo que decimos con la boca debe venir del corazón, de modo que sea testimoniado en la vida. Debemos preguntarnos, por tanto: ¿Qué ha sido de la recepción interior del Credo hoy? ¿Sentimos que concierne también a nuestra situación actual? ¿Comprendemos y vivimos lo que decimos cada domingo, y lo que eso significa para nuestra vida?

10. El Credo de Nicea comienza profesando la fe en Dios, Omnipotente, Creador del cielo y de la tierra. Hoy, para muchos, Dios y la cuestión de Dios casi ya no tienen significado en la vida. El Concilio Vaticano II recalcó que los cristianos son al menos en parte responsables de esta situación, porque no dan testimonio de la verdadera fe y ocultan el auténtico rostro de Dios con estilos de vida y acciones alejadas del Evangelio[12]. En nombre de Dios se han librado

---

[12] Cf Conc. Ecum. Vat. II, Const. past. *Gaudium et spes*, 19: *AAS* 58 (1966), 1039.

guerras, se ha matado, perseguido y discriminado. En lugar de anunciar a un Dios misericordioso, se ha hablado de un Dios vengador que infunde terror y castiga.

El Credo de Nicea nos invita entonces a un examen de conciencia: ¿Qué significa Dios para mí y cómo doy testimonio de la fe en Él? ¿Es el único y solo Dios realmente el Señor de la vida, o hay ídolos más importantes que Dios y sus mandamientos? ¿Es Dios para mí el Dios viviente, cercano en toda situación, el Padre al que me dirijo con confianza filial? ¿Es el Creador a quien debo todo lo que soy y lo que tengo, cuyas huellas puedo encontrar en cada criatura? ¿Estoy dispuesto a compartir los bienes de la tierra, que pertenecen a todos, de manera justa y equitativa? ¿Cómo trato la creación, que es obra de sus manos? ¿La uso con reverencia y gratitud, o la exploto, la destruyo, en lugar de custodiarla y cultivarla como casa común de la humanidad?[13]

11. En el centro del Credo niceno-constantinopolitano destaca la profesión de fe en Jesucristo, nuestro Señor y Dios. Este es el corazón

---

[13] Cf PAPA FRANCISCO, Carta. enc. *Laudato si'* (24 de mayo de 2015), 67; 78; 124: AAS 107 (2015), 873-874; 878; 897.

de nuestra vida cristiana. Por eso nos comprometemos a seguir a Jesús como Maestro, compañero, hermano y amigo. Pero el Credo niceno pide más: nos recuerda, de hecho, que no hemos de olvidar que Jesucristo es el Señor (*Kyrios*), el Hijo del Dios viviente, que «por nuestra salvación bajó del cielo» y murió «por nosotros» en la cruz, abriéndonos el camino de la vida nueva con su resurrección y su ascensión.

Ciertamente, el seguimiento de Jesucristo no es un camino ancho y cómodo, pero este sendero, a menudo exigente o incluso doloroso, conduce siempre a la vida y a la salvación (cf Mt 7,13-14). Los Hechos de los apóstoles hablan del camino nuevo (cf He 19,9.23; 22,4.14-15.22), que es Jesucristo (cf Jn 14,6): seguir al Señor compromete nuestros pasos en el camino de la cruz, que por medio de la conversión nos conduce a la santificación y a la divinización[14].

Si Dios nos ama con todo su ser, entonces también nosotros debemos amarnos unos a otros. No podemos amar a Dios, a quien no vemos, sin amar también al hermano y a la her-

---

[14] Cf ID, Exhort. ap. *Gaudete et exsultate* (19 de marzo de 2018), 92: AAS 110 (2018), 1136.

mana que vemos (cf 1Jn 4,20). El amor a Dios sin el amor al prójimo es hipocresía; el amor radical al prójimo, sobre todo el amor a los enemigos sin el amor a Dios, es un heroísmo que nos supera y oprime. En el seguimiento de Jesús, la subida a Dios pasa por el abajamiento y la entrega a los hermanos y hermanas, sobre todo a los últimos, a los más pobres, a los abandonados y marginados. Lo que hayamos hecho al más pequeño de estos, se lo hemos hecho a Cristo (cf Mt 25,31-46). Ante las catástrofes, las guerras y la miseria, podemos testimoniar la misericordia de Dios a las personas que dudan de Él solo cuando ellas experimentan su misericordia a través de nosotros[15].

12. Finalmente, el Concilio de Nicea es actual por su altísimo valor ecuménico. A este propósito, la consecución de la unidad de todos los cristianos fue uno de los objetivos principales del último Concilio, el Vaticano II[16]. Treinta años atrás exactamente, san Juan Pablo II prosiguió y promovió el mensaje conciliar en la encíclica *Ut unum sint* (25 de

---

15 Cf ID, Carta. enc. *Fratelli tutti* (3 de octubre de 2020), 67; 254: *AAS* 112 (2020), 992-993; 1059.

16 Cf CONC. ECUM. VAT. II, Decr. *Unitatis redintegratio*, 1: *AAS* 57 (1965), 90-91.

26

mayo de 1995). Así, con la gran conmemoración del primer Concilio de Nicea, celebramos también el aniversario de la primera encíclica ecuménica. Ella puede considerarse como un manifiesto que ha actualizado aquellas mismas bases ecuménicas puestas por el Concilio de Nicea.

Gracias a Dios, el movimiento ecuménico ha alcanzado bastantes resultados en los últimos sesenta años. Aunque la plena unidad visible con las Iglesias ortodoxas y ortodoxas orientales y con las Comunidades eclesiales nacidas de la Reforma aún no nos ha sido dada, el diálogo ecuménico nos ha llevado, sobre la base del único bautismo y del Credo niceno-constantinopolitano, a reconocer a nuestros hermanos y hermanas en Jesucristo en los hermanos y hermanas de las otras Iglesias y Comunidades eclesiales y a redescubrir la única y universal Comunidad de los discípulos de Cristo en todo el mundo. Compartimos, de hecho, la fe en el único y solo Dios, Padre de todos los hombres, confesamos juntos al único Señor y verdadero Hijo de Dios Jesucristo y al único Espíritu Santo, que nos inspira y nos impulsa a la plena unidad y al testimonio común del Evangelio. ¡Realmente lo que nos une es mucho más de lo que nos divide![17]. De este modo, en un mundo dividido y desgarrado por muchos conflictos, la única Comunidad cristiana universal puede ser signo de paz e instrumento de reconciliación, contribuyendo de modo decisivo a un compromiso mundial por la paz. San Juan Pablo II nos ha recordado, en particular, el testimonio de los numerosos mártires cristianos procedentes de todas las Iglesias y Comunidades eclesiales: su memoria nos une y nos impulsa a ser testigos y artífices de paz en el mundo.

Para poder ejercer este ministerio de modo creíble, debemos caminar juntos para alcanzar la unidad y la reconciliación entre todos los cristianos. El Credo de Nicea puede ser la base y el criterio de referencia de este camino. Nos propone, de hecho, un modelo de verdadera unidad en la legítima diversidad. Unidad en la Trinidad, Trinidad en la Unidad, porque la unidad sin multiplicidad es tiranía, la multiplicidad sin unidad es desintegración. La dinámica trinitaria no es dualista, como un excluyente *aut-aut*, sino un vínculo que implica, un *et-et*: el Espíritu Santo es el vínculo de unidad que

---

[17] Cf S. JUAN PABLO II, Carta. enc. *Ut unum sint* (25 de mayo de 1995), 20: *AAS* 87 (1995), 933.

adoramos junto con el Padre y el Hijo. Por tanto, debemos dejar atrás controversias teológicas que han perdido su razón de ser, para adquirir un pensamiento común y, más aún, una oración común al Espíritu Santo, para que nos reúna a todos en una sola fe y un solo amor.

Esto no significa un ecumenismo de retorno al estado anterior a las divisiones, ni un reconocimiento recíproco del actual *statu quo* de la diversidad de las Iglesias y Comunidades eclesiales, sino más bien un ecumenismo orientado al futuro, de reconciliación en el camino del diálogo, de intercambio de nuestros dones y patrimonios espirituales. El restablecimiento de la unidad entre los cristianos no nos empobrece, al contrario, nos enriquece. Como en Nicea, este propósito solo será posible mediante un camino paciente, largo y a veces difícil de escucha y acogida recíproca. Se trata de un desafío teológico y, aún más, de un desafío espiritual, que requiere arrepentimiento y conversión por parte de todos. Por ello necesitamos un ecumenismo espiritual de oración, alabanza y culto, como sucedió en el Credo de Nicea y Constantinopla.

Invoquemos, pues, al Espíritu Santo, para que nos acompañe y nos guíe en esta obra:

Santo Espíritu de Dios, tú guías
a los creyentes en el camino de la historia.
Te damos gracias porque has inspirado
los Símbolos de la fe y porque suscitas
en el corazón la alegría de profesar
nuestra salvación en Jesucristo,
Hijo de Dios, consubstancial al Padre.
Sin Él nada podemos.

Tú, Espíritu eterno de Dios,
de época en época
rejuveneces la fe de la Iglesia.
Ayúdanos a profundizarla
y a volver siempre
a lo esencial para anunciarla.

Para que nuestro testimonio
en el mundo no sea inerte,
ven, Espíritu Santo,
con tu fuego de gracia,
a reavivar nuestra fe,
a encendernos de esperanza,
a inflamarnos de caridad.

Ven, divino Consolador,
Tú que eres la armonía,
a unir los corazones

y las mentes de los creyentes.
Ven y danos a gustar la belleza
de la comunión.

Ven, Amor del Padre y del Hijo,
a reunirnos en el único rebaño de Cristo.

Indícanos los caminos que hay que recorrer,
para que con tu sabiduría volvamos a ser
lo que somos en Cristo: una sola cosa,
para que el mundo crea. Amén.

*Vaticano, 23 de noviembre de 2025, solemnidad
de Nuestro Señor Jesucristo, Rey del universo.*

Leo P.P. XIV